aF418148